서순임 제3시집

바람결에 스쳐간 향기

서순임

서순임

문학박사, 시인, 수필가
세계예술연합회 : 수석부회장
사단법인동양문학 : 부회장
사단법인문학애 : 자문위원

시집
제1집 눈꽃 속으로
제2집 설레이는 가을
제3집 바람결에 스쳐간 향기

서순임 제3시집

바람결에 스쳐간 향기

초판 인쇄일 2025년 9월 15일
초판 발행일 2025년 9월 15일

지은이 서순임
펴낸이 장문정
펴낸곳 도서출판 그림책
디자인 이정순 / 정해경
출판등록 제2010-000001
주소 경기도 수원시 영통구 이의동 웰빙타운로 70
연락처 TEL 070-4105-8439 (010)2676-9912
E-mail : khbang21@naver.com

Copyright C 도서출판 그림책. All rights reserved.

이 책의 글과 그림의 저작권은 지은이가 가지고 있습니다.
이 책의 일부 또는 전체에 대한 무단 복제 및 전재를 금합니다.
저자와의 합의에 의해 검인지는 생략합니다.
도서 가격은 뒤표지에 있습니다.
※ 잘못된 책은 바꿔 드립니다.
Published by 도서출판 그림책 Co. Ltd. Printed in Korea

바람결에 스쳐간 향기

서순임

시인의 말

내 주위에는 나와 가까운 사람들로 서로
정을 나누며 살아가고 있습니다

다정한 말 한마디가 위안이 되고
따뜻하게 감싸주며
알콩달콩 살아가고 있기에 행복합니다

까칠하고 진심이 없는 사람에겐
정이 가질 않지요

서로 가슴 툭 터놓고 편한 마음 주고받으며
허물없이 살아간다면
이런 삶이 바로 참다운 인생이 아닐까 생각합니다

미소 띤 얼굴들…
행복한 삶 속에 마음 활짝 열어놓고
진심을 주고받는 삶이라면
그래도 이 세상은 살만한 인생이겠지요

우리 모두 사랑하며 살아요
예쁜 마음으로…

제가 독자님들의 마음에 힘입어
제3집 시집 〈바람결에 스쳐간 향기〉를
출간하게 되었습니다
애독자 여러분의 많은 관심 부탁드립니다

- 유화 서순임 시인

서순임 | 문학박사, 시인, 수필가

세계문화예술연합회 수석부회장
사단법인 동양문학 부회장
사단법인 문학愛 자문위원
종합문예지 문예세상 수필문학상 수상
사단법인 문학愛 시문학상 수상
시와창작 문인협회 특별문학상 수상
국민행복 여울문학 詩문학상 수상
제헌절 삼행시 우수상 수상
세계문화예술연합회 詩문학 대상 수상
한국을빛낸 대한민국문인100인 선정
대한방송언론기자연합회 세계 참 좋은인재 대상 수상
파리에콜어워드시화전시회 작품 출전
제8회글로벌비지니스Ceo퀸&킹선발대회Ceo우정상과 문학대상 수상
윤동주 별 문학상 수상

한국문학 신문사 주최
대한민국 예술문학 대상 수상
백범기념관에서 열린 시사연합신문 문학부문 대상 수상
세계문화예술협회 詩문학상 수상
오세훈 서울시장님의 표창장 수료
2021년 노벨문학선정 올해의 문학대상 수상
대한민국 문화예술 조직위원회 표창장과 문학대상 수상
국회의사당 시화전시회 작품 출전
한국의 시문학협회 문학상 수상

지시

제1집 [눈꽃속으로]
제2집 [설레이는 가을]
제3집 [바람결에 스쳐간 향기]

서순임 제3시집

바람결에 스쳐간 향기

시인의 말…4

바람결에 스쳐간 향기…8
조각배 하나…14
봄의 향기…16
가버린 세월…18
가을은 익어간다…20
고향에도 지금쯤…22
하늘의 별꽃…24
시샘 달 2월…26
인간미…27
마음 둘 곳 없어라…28
세월이 흘러도…29
바람처럼 구름처럼…30
낙엽만 쌓여가네…32
그리움과 서글픔…33

인생…34

송년회…35

고별…36

12월의 행복…38

기쁨이 넘치는 날…40

예쁜 가을 날…41

기쁨의 달 오월…42

세월을 마신다…43

눈 내리는 날…44

잔잔한 호수처럼…46

아름다운 풍경…48

웃음 꽃…50

여행을 한다…51

장마…52

연두빛으로 색칠하는 봄…53

꽃바람…54

여름날의 추억…56

따스함이 그리운 날…58

칠월에는…59

행복 노래 불러주오…60

그 옛날을 소환해 본다…62

세상을 편안하게 살려면…64

여름은 깊어가고…65
공기와 바람…66
꽃의 계절…67
창밖엔 비가 내리고…68
친한 친구가 그리운 계절…70
낭만의 계절…72
지난 세월…74
세월의 무상…75
가을인가 보다…76
이러쿵 저러쿵…78
상쾌한 주말…79
옛 생각에…80
12월의 끝자락…81
풍년을 기원합니다…82
바람결에 스쳐간 향기…83
친구가 그리운 날…84
조급해지는 마음…85
차 한잔과 찜통 더위…86
비 오는 저녁 길…87
유혹한다…88
비가 오는 날이면…89
가슴 시린 날…90

맑은 인연이 그립다…91

만추의 계절…92

행복의 기준…94

자연의 신비…95

먹구름…96

얼룩진 계절…97

행복한 사람이다…98

꽃길만 걸으리오…99

행복한 날…100

마음의 힐링…101

허무한 세월…102

마법의 계절 봄…104

가슴 뛰는 계절…106

모두가 행복했으면 좋겠다…107

연말로 가는 길…108

여유로움의 행복…110

바람결에 스쳐간 향기

서순임

조각배 하나

잔잔한 호수에
외로이 떠 있는
조각배 하나

두둥실 설레는 마음으로
임 찾아가누나

살짝이 옷깃을 스치는
미풍에 미소짓네

예쁘게 색칠해 가는
가을의 중턱

온통 수채화로
물감을 뿌린다

봄의 향기

살랑살랑 부는 바람에
여기저기서
봄꽃 터트리는 소리
들리는 듯

향긋한 봄의 향기가
핑크빛으로 흩날립니다

화창한 봄날의
햇살 안고

오늘도 봄의 향연 속에
행복으로
여울져 가는 날

마음속엔 벌써
예쁜 봄꽃으로 가득
피웁니다

가버린 세월

수레바퀴처럼 돌고 돌아
가버린 세월

텅 빈 가슴에
허무란 단어 얼룩진다

긴 세월 붙잡을 새도 없이
강물 따라 흐르듯

살며시
흘러흘러 가버린 세월

살아온 인생이 아쉽지만
그래도
내 인생에 애착이 간다

다시는
젊은 날로 돌아갈 수 없기에
현실에 만족을 느끼며

애써 뿌듯한 마음으로
오늘을 보낸다

가을은 익어간다

소슬바람 타고 날아온
가을 향기와
들길에 피어난 청초한
들꽃까지
나의 가슴속 깊이 파고든다

멀리 밭두렁에서 날아온
진하고
소박한 흙냄새
코끝을 자극하고

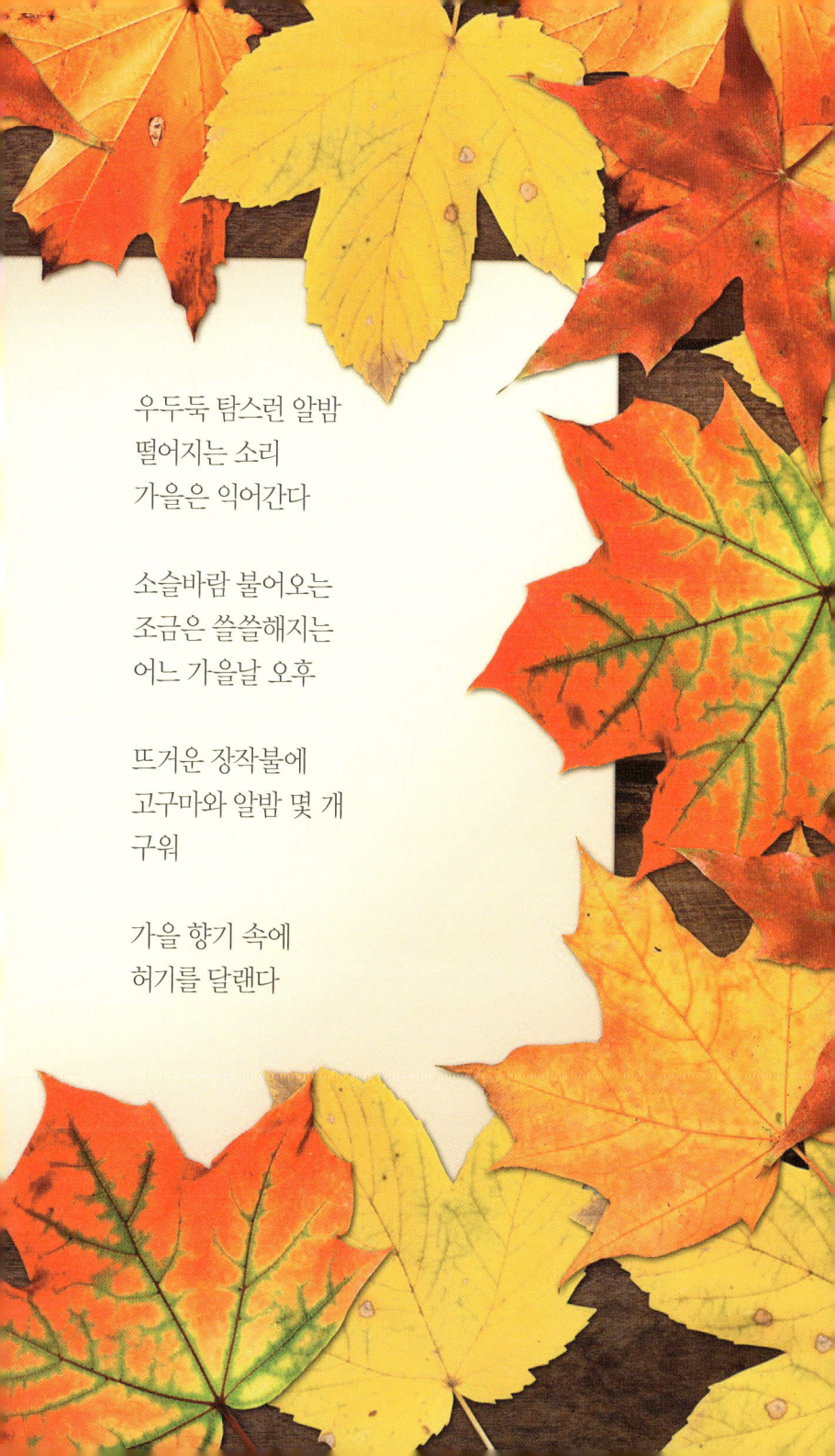

우두둑 탐스런 알밤
떨어지는 소리
가을은 익어간다

소슬바람 불어오는
조금은 쓸쓸해지는
어느 가을날 오후

뜨거운 장작불에
고구마와 알밤 몇 개
구워

가을 향기 속에
허기를 달랜다

고향에도 지금쯤

계절 따라
예쁘게 물들어가고 있는
나뭇잎들
잔잔한 바람에 떨고 있네요

따끈한 차 한 잔 마시며
창가에 앉아
생각에 잠겨 봅니다

서로 따뜻한 사랑과
정이 그리운 날
멀리 고향에 살고 계신
형제자매가 그립고
보고 싶습니다

고향에도 지금쯤
나뭇잎
곱게 물들어가고 있겠지요

하늘의 별꽃

세월의 흐름 뒤로한 채
길 따라 강 따라
천리 길
한걸음에 달려왔건만

밤하늘을 수놓은 듯
반짝이는 별들만
무수히 흐르고
보고픈 임
보이지 않네

아픔으로 얼룩진 상처
훌훌 털고
밤하늘의 별꽃 되어
떠나가신
님이여…

존경스럽고 그리운
그대 모습 지울 길 없어
오늘도
슬픔에 싸여
그리움만 파고듭니다

p.s. 하늘나라에 가신 오빠를 그리며 쓴 글입니다

시샘 달 2월

추위가 누그러진 듯
겨울과 봄
두 계절이 공존하는
시샘 달
2월이라네

조석으로 일교차가 심해
영상과 영하로
봄과
겨울이 공존하는 계절

파도처럼 부딪치는
요즈음의 날씨가
점차 누그러져

따스함을 주는
새봄이 빨리 오기를
기다린다네

인간미

향수를 뿌리지 않았어도
인간미 물씬 풍기고
향기가 느껴지는
사람이 그립다

각박한 세상살이에도
정이 철철 넘치고
사랑이 따뜻하게
흐르는

그렇게 향기가 나는
행복한
세상이었으면 좋겠다

마음 툭 터놓고
소통할 수 있는
편안한
인간관계가 그리워진다

마음 둘 곳 없어라

그토록 수많은 세월들
아쉬움 속에 묻혀 가고

동네 산책길 옆 노란 은행잎
하염없이 우수수 떨어져
쌓여만 가네

오색 단풍들 서러움에
눈물 흘리며
바람에 흩어진다

고즈넉한 골목 길 걷는
쓸쓸한 마음
떨어져 뒹구는 단풍잎
낙엽 되어
발밑에 밟히는데

향기 날리는 가을 국화
세월 가는 줄 몰랐건만
이제는 빛 내린
허전함
마음 둘 곳 없어라

세월이 흘러도

날이 가고 달이 가고
세월이 흘러도
영원히 잊을 수 없는 초록의 나라 꿈동산
나의 어린 시절

붉게 물든 노을의 창가에 앉아
내 마음의 안식처 동심의 세계에서
옛 추억 더듬는다

따뜻한 정이 넘치시던
어머니의 얼굴이 떠오른다

형제 자매와 오손도손 자라던
나의 가족들이 그립다
천진스러웠던
죽마고우 친구들 그리워라

필름처럼 스치는 날들
회상하면
머리 속에서 행복이 꿈틀대고
입가엔 어느새 미소가 번진다

바람처럼 구름처럼

1월도 추억의 뒤안길로
안개처럼 사라지고
2월도 벌써 중순을
향하여
달리고 있다

빠른 게 세월이라더니
바람처럼 구름처럼
오늘을 보내고
내일도 기대와 희망을 안고
달려가고 있다

입춘이 지나고
봄이 오듯
함께하는 고운 인연
쌓여가는 정 속에 행복의
씨앗이 꽃을 피어 간다

봄이 오는 길목에서
사랑꽃 행복꽃
웃음꽃을
인생 그릇에 가득 채우는
인생이었으면 좋겠다

낙엽만 쌓여가네

찬바람이 스치고
지나간 자리는
가을의 향취도 숨어들어 간다

길가엔 은행잎이
노란색 주단을 깔아 놓은 듯
가을을 남기고 떠나간
흔적이
너무나 아름답다

아직도 끝나지 않은 늦가을
낙엽만 쌓이는데

흰 눈이 내리면 덮어질까
아름다운 추억으로
남을 것이다

그리움과 서글픔

산허리 감싸안은
오색 단풍이
가을의 향기를
멈추지 않고
날려 보내고 있다

이렇듯
짧은 가을은 아름답지만
애틋한
사랑을 만들며

그리움과 서글픔도
가슴속에 머물게 한다

가을은
슬픈 이별만 심어 놓은 채
미련만 남기고
살며시 떠나가리라

인생

어느새
여기까지 와 서있는가
긴 터널 속에 잠들어버린
지나간 세월들

회오리 바람처럼
잽싸게 돌고돌아
잠깐 스쳐간 인생

그러나
희망을 갖자
사는 날까지
남은 미래 속에 꿈을 펼치자

새벽에 동이 트고
눈부시게 해가 뜨듯

가슴 벅찬 마음으로
세상을 살아보자

송년회

추위도 잊어버린 듯
많은 인파들
화려한 불빛속에
몰려 다니며 웅성인다

이루지 못한 일들
하나 둘 정리해야 할
시기가 온 것 같다

밖에는 하얀 눈 내려
소복소복 쌓이고
연말에 들뜬 마음들
즐겁기만 하다

여기저기서
휩싸이는 인파들
흐느적대며 북적인다

고별

물감을 색칠해 놓은 듯
화려한 단풍도
이젠 비에 젖어

고별의 슬픔을
삼킨다

서산 마루에 색동옷으로
아름답게 폼냈던
산야
꿈이었던가

지금은
비에 젖은 채 움추리며
퇴색해 간다

따스한 가을 빛이
몹시도 그리운 날

갈잎되어 떨어진
낙엽따라
나의 슬픈 마음도

저 멀리 허공에
띄어 보내리

12월의 행복

마지막 잎새까지
떨어지는 고통
쌀쌀한 추위와 함께
훌훌
찬바람에 실려가고

이루지 못한 일들
하나 둘 정리해야 할
12월
매 순간마다
아쉬움 뿐이구나

함박눈 펑펑 쏟아지는
날이면
눈길을 걷는다

보기만 해도
마음이 풍족해 지는 느낌

아쉬움 뒤로한 채
하얀 나리의 설경에서
입김 호호 불어가며

12월은
행복하다오

기쁨이 넘치는 날

들녘에는 알알이 영그는
곡식들이
마음까지 풍요로운
가을

가을 향기 행복 속에
웃음 꽃 한 아름
피어나는
기쁨이 넘치는 날

가을 햇살 가득한
길섶에 자라난
이름모를 들꽃들의 향기처럼
정겨운 가을의
정취를 만끽해본다

예쁜 가을 날

가냘픈 코스모스
실바람에도 한들한들
미소 지으며 유혹한다

한층 높아진 쪽빛 하늘
쳐다보노라면
괜스레 기분이 좋아지는
예쁜 가을 날

이 가을엔 행복한 일만
한아름
품었으면 좋겠다

기쁨의 달 오월

산새들의 맑은 노래 소리
귓가를 즐겁게 하고

강가엔 뽀오얀 물안개
몽실몽실
피어 오릅니다

신록으로 우거져 가는
초록의 나뭇잎들
살랑살랑
미풍에 춤을 추네요

기쁨의 달 오월은
신비스럽고 아름다운 계절
희망이 넘치는
오월입니다

세월을 마신다

눈부신 가을빛 햇살이
창 너머에
찾아와
미소를 보낸다

잔잔하게
파동을 일으키는
계절이 쓸쓸하다

무서리 하얗게 내린
들창가에 기대어
세월을 마신다

차가워진
바람 마주하며
흩날리는 낙엽들…

하얀
겨울을 재촉하네

눈 내리는 날

하얀 눈을 맞으며
홀로 거니는 사람
누구일까?

가슴에 품은
옛 사랑 그리워
추억을 더듬는 걸까?

코트 깃을 세우고
늠름하게 눈 속을 거니는
키 큰 남자의 모습이
멋지다

눈 내리는 날은
괜스레 설레는 마음
감출 길 없고
옛 친구가 그립다

하얗게 깔린 눈밭을
눈사람이 되어
뒹굴고 싶네

잔잔한 호수처럼

아침에 눈을 뜨고
창밖을 바라보니
시야에 들어오는
온 세상이 하얗고
나무엔 새하얀
눈꽃이 피어 아름답다

참 이번 겨울은
눈이 많이 내린다
마음은 설레고 좋지만
운전 조심
미끄럼 조심조심
잘 다녀야겠다

봄 눈 녹듯이 녹아 내린다는
말이 있듯
우리의 마음도
잔잔한 호수처럼
사르르 녹아내려
항상
맑음이면 좋겠다

아름다운 풍경

소슬 바람 불어오고
귀뚜라미 울어대는
가을 날

호수같이 맑은 쪽빛 하늘엔
솜털구름
두둥실 아름답다

아름다운 풍경
풍요로운 가을이지만
쓸쓸함도 주는게
가을이지요

눈과 가슴으로
진하게 느껴지는 가을은
더욱 무르익어
짙어만 간다

웃음 꽃

맑은 마음으로 환하게 피어나는
웃음 꽃

나의 마음 밭에서
예쁘게 피어나는
잔잔한 미소의
사랑스런 꽃

예쁜 마음 속엔
언제나
사랑 한 가득
기쁨 한 가득
예쁜 마음의 행복의 꽃

기쁨속의 웃음꽃
항상 피우고 살아요

여행을 한다

설렘 안고 사랑 안고
예쁜 가을 따라
여행을 한다

호수처럼 맑고 예쁜 하늘
쳐다보노라니
가을 빛 햇살이 눈부시다

황금 물결 출렁이는
들길을 따라

산모퉁이 지나 올때면
오색 단풍 물들어 가고

청아한 산새 소리에도
가을은 참 행복하다

장마

새소리를 들으면
기분이 상쾌해지고

꽃을 보면 향긋함에
마음이 행복하다

계속되는 장마로
청아한 새소리 들을 수 없고
꽃은 향기를 잃었네

창밖엔
오늘도 비가 내리고
따끈한 커피 한 모금에
온몸이 녹아 내린다

커피향 구수하게
온 실내에 퍼져 흐르고

잠재되어 있던
옛 추억
마음 속에서 꿈틀거리네

연두빛으로 색칠하는 봄

봄향기 물씬
풍겨나고
산과 들엔 연두빛으로
상큼하게
색칠하는 봄

새순이
기지개를 켜고
꽃봉오리가
스르르 고개를 드는
햇살 좋은
봄날입니다

웃음꽃 화사하게
피어나는
기분 좋은 봄날
행복도 절로 묻어
납니다

꽃바람

꽃들이 부른다
흐드러지게 피어있는
꽃들의 심한 유혹으로
몸도 마음도 들떠
방황한다

연분홍
꽃향기에 마음 뺏기고
색색이 피어있는
꽃들의 행렬
생동감이 넘친다

공원 들녘에 피어있는
앙증맞은 들꽃들 까지
손짓을 하고
산야에
펼쳐지는 연녹색의
푸르름에
희망이 솟아난다

생명들의 탄생과
신비함은
날마다 새롭게
예쁜 자연으로
신비스럽다

거리의 가로수는
꽃과
연두색으로 펼쳐져
봄바람에 출렁이고
봄의 향연에 푸욱 빠져
살고 싶어라

여름날의 추억

무더운 여름 밤
집 앞 정자나무에서
요란스럽게 울어대는
매미들의 합창 소리

모기소리 또한 윙윙 거리며
잠 못 이루어었지

밤 하늘에 총총거리는 별들과
은하수
별똥별 떨어지고

마루 끝 토방 아래 모깃불 피어놓고
한 여름 밤의 모기들 쫓으며
연기를 날린다

오손도손 가족들의 대화 속에
여름 밤은 깊어가고

곱게 머리를 땋은 댕기머리 울 언니
빨간 봉숭아 꽃 한줌 따다가

나의 열 손가락 손톱에 올려
피마자 잎 싸매주면
스르르 잠이 들었던 어린 시절

따스함이 그리운 날

아스팔트 위에
우수수
떨어져 뒹구는 낙엽에
가슴이 시리다

볼을 스치고 지나가는
찬 바람에
따스함이 그리워
지는 날

겨울로 가는
늦 가을의 문턱에서
낙엽속의 낭만도
멀어져간다

따뜻한 온기가
몹시도
그리운 날이다

칠월에는

치자 꽃향기 은은하게
미풍에 실려오는
칠월에는
청포도 알알이 익어간다

한나절 소나기 시원하게
뿌려주면
벅찬 가슴 쓰러 내리듯
행복만
가득했으면 좋겠다

신록으로 우거진
풀숲들과
짙은 초록으로 일렁이는
나무 숲마다

칠월에는
더위도 잊어 버리고
온 가정에 웃음꽃이 활짝
피었으면 좋겠다

행복 노래 불러주오

단풍잎 떨어지는 소리에
귀 기울인다
임의 발자욱 소리련가

마음속에 한아름 차오르는
그리운 얼굴들…
하늘의 별이 되어 반짝이겠지

짙게 물들은 단풍잎 사이로
보름달처럼
환하게 미소짓는 듯
임의 얼굴 스쳐간다

소슬 바람 불어와
곱게 물든 단풍잎
우수수 흩날릴 때면
다정하게 다가오는
그대의 모습

하얗게 핀 국화향기
은은하게
온 몸을 감싸주는 날
조용히 찾아와
예쁘게 물든 시야의 둘레에서

잔잔하게 속삭이듯
다정한 목소리로
행복 노래 불러주오

그 옛날을 소환해 본다

뜨거운 태양
나뭇잎 하나 흔들리지 않는
초록 나무 숲

어릴적 옛 추억이 생각난다
냉장고도 없고 에어컨도 없었던
어린 시절

한 낮 더위에도
시원한 우물물로 목을 축이고
헌 병과 헌 고무신으로
아이스께끼를 바꿔 먹었던 추억

저녁이면
마당 한귀퉁이에 모깃불 피어 놓고
가족 모두 옹기종기 모여 앉아

풋고추와 상치 쌈 그리고 열무 김치에 비빔밥으로
저녁 밥을 먹었었지

그 옛 날의 아름다운 추억
다시 소환해 본다

세상을 편안하게 살려면

세상을 아름답게
살려면
꽃처럼 살면 되고
세상을 편안하게
살려면
바람처럼 살면 된다네요

꽃은 자신을
자랑하지도
남을 미워하지도 않고

바람은 그물에도
걸리지 않고
험한 산도
아무 생각 없이
오르기 때문입니다

여름은 깊어가고

부쩍 더워진 날씨에
여름은 깊어가고

덥고 습한 여름 날
짜증도 나겠지만
등뒤로 불어오는 바람처럼
보이지 않는 정이 쌓인다

늘 함께 하는 여행길처럼
서로 카톡 주고 받으며
함께한 인연

얼굴도 마주하지 못한 채
가까운 사람처럼
친근감을 느낀다

공기와 바람

봄비가 내리고 난 후
온 산과 들녘은
푸르름과 꽃동네로
탈바꿈했다

푸르름이 더해가는
요즈음
대 자연이 주는
귀한 공기와 바람과
건강으로
힐링하는 날 되었으면
좋겠다

꽃의 계절

빛나는 햇살에
향긋한 봄날이다
소담스럽게 피어 자태를
자랑하는
목련꽃 아래

비워내는 마음
또 채워지는 마음으로
오늘을 열어간다

맑은 하늘
유난히 빛나는 햇살
봄빛이 아름다운
꽃의 계절 4월은
행복하다네

창밖엔 비가 내리고

창밖엔 촉촉이
비가 내리고
비와 함께 하루를
열어가는 아침이다

비는 소리로
사람을 불러내지만
커피는 향으로
그리움을 준다

오늘도 커피를 마시며
빗속에 젖은
꽃향기에
취해보고 싶다

친한 친구가 그리운 계절

가을엔 친한 친구가
그리운 계절이다

서로 바라만 보아도
미소가 절로 나오는
예쁜 마음을 가진
나의 친구

김이 모락모락 피어
오르는
찻잔 앞에 놓고
서로 마주보며 미소로
통하는
정이 많은 친구

코스모스 하늘거리는
예쁜 가을 날
다정한 나의 친구와
코스모스 길을 걷고 싶다

낭만의 계절

낭만의 계절 가을도
벌써
중반에 와 있다

처량하게 울어대는 귀뚜라미와
파란 하늘에
뭉게구름
두둥실 피어오르고

눈과 마음으로 채움하는
가을은
더욱 짙어만 간다

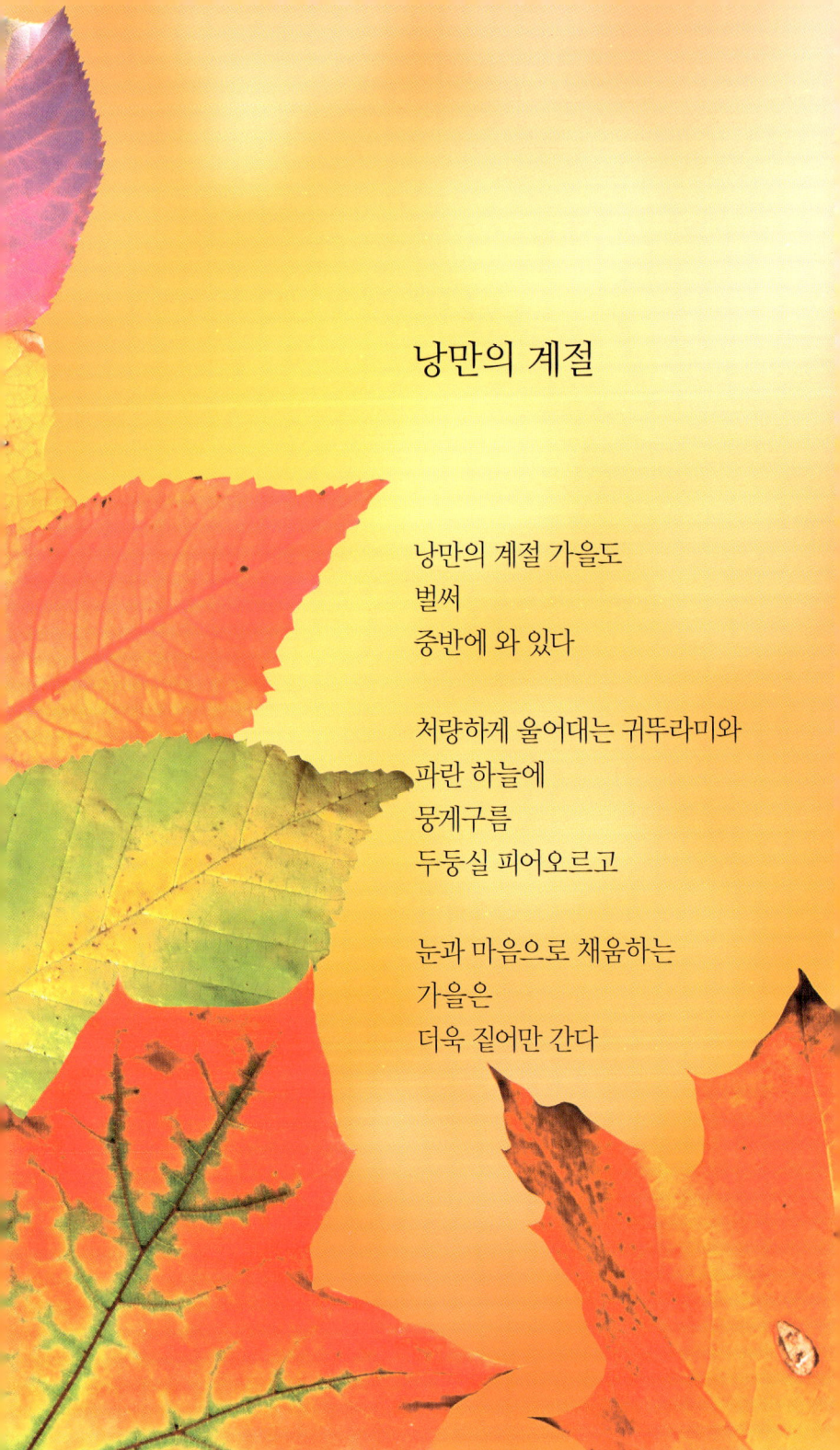

풍요로우면서
쓸쓸함도 주는게
가을이 주는
선물인가 싶다

아름다운 계절인만큼
올 가을은 많은
추억이
함께 했으면 좋겠다

지난 세월

한 해 한 해
지난 세월
참 많이도 걸어왔네

기쁜 일 슬픈 일
모두 감내하면서
넓고 맑은
호수 같은 마음으로
여기까지 왔는가

두 팔 벌려
세상을 감싸 안고
뚜벅뚜벅 걸어온
세월

남은 인생 좀 더
보람있고 멋지게
살으리라

세월의 무상

하루 하루는 지겹기도
길기도 한데

한 달 한 철 한 해는
눈부시게 빨리 달린다

세월은 그러면서 이 세상에
또 금을 긋는다

끝나지 않은 듯한
여름날의 폭염
어제만 같은데

갑자기 쌀쌀해진 날씨
옷깃 여미게 한다

세월의 무상함을 느낀다

가을인가 보다

처서가 지나고
신선한
바람이 불어오니
가을인가 보다

어느새
매미 소리 사라져 가고
밤이면 귀뚜라미
귀뚤 귀뚤
구슬프게 울어댄다

너무 더워 힘들었던
여름이었건만
막상
가을이 오니
아쉬움에
허전한 마음이 든다

이 가을엔 좀 더
가치 있는
생활을 해야지
마음 다져 본다

이러쿵 저러쿵

강원 지방엔 눈이 많이 내려
폭설로 힘들었고
남부는 비로 인해
언 땅을 녹여
새싹이 돋아나는 역할을 했지요

전국의 병원 의사들은
환자는 나 몰라라 집단
행동을 하고

어느 때와 달리 정치권엔
공천 관계로
시끄럽기만 하다

세상사 이러쿵 저러쿵 하면서
서로 어울려 사는게
인생인가보다

상쾌한 주말

늘 맞이하는
아침이지만
새로운 설렘 속의
하루를 열어간다

비가 내린 후 코끝에
스치는 바람이 조금은
쌀쌀하지만
상쾌한 주말이다

파아란
하늘과 창문을 통해
들어오는 햇살이
상쾌하다

옛 생각에

쾌청한 날 황금 벌판
벼들도 고개 숙이고
고추잠자리떼 춤춘다

오곡백과 풍요로움에
마음 넉넉해지고

울긋불긋 화려하게
색칠해가는 산야
두 팔 벌려 서있는
허수아비

그리운 부모님 모습이
떠오른다

오늘 밤 둥근 달 환하게
떠오르면 옛 생각에
그리움만 쌓이겠지

12월의 끝자락

겨울인가 했더니
가을로
되돌아가는 것 같은
영상의 날씨가
계속된다

한해를 마무리하는
12월의 끝자락
쉼없이 달려온
한 해

공기의 소중함과
시시각각 변하는
자연의 신비에
겨울답지 않은
포근한 달이다

풍년을 기원합니다

산들바람 불어와
살짜기
옷깃을 스치고 지나간다

눈이 시리도록
파아란
쪽빛 하늘에 떠있는
예쁜 솜털구름

두둥실 흩어지며
멋진 그림을 그린다

오곡 백과 여물어가고 있는
가을에 서서
풍년을 기원해 봅니다

바람결에 스쳐간 향기

바람결에 스치는
가을 향기가 상큼하네요

긴 여름 지나니
벌써
가을이 오고 있네요

아직은
곡식이 익어가고 있는 계절
맑은 햇살이
따갑게 내려 비칩니다

햇살 좋은 날씨답게
살랑살랑

아직은 풋사과처럼
설익은
가을날에 설레입니다

친구가 그리운 날

살갗을 스치는 차가운 바람
옷깃을 여미게 한다

석양으로 물들은
고즈넉한 저녁 길

하얀 찬서리에 풀이 죽은
길가의 잡초들 초라하다

따끈한 군 고구마가
생각나는 날

벽 난로가 있는
훈훈한 찻집에서

정이 많은 친한 친구와
마주 앉아
옛날 얘기 나누고 싶다

친구가 그리운 날이다

조급해지는 마음

비가 내리고 난 후의
아침이다

제법 차가운 공기가
살갗에 스며 든다

기온이 조금씩 떨어지니
추위가 다가오고 있는 듯

추위로 가는 길은
왠지 마음이 조급해진다

날씨가 쌀쌀해질
무렵이면

겨울 김장을 잔뜩 해 놓고
겨우내 땔 연탄을
차곡차곡 쌓여야만

마음이 푸근했던
그 옛날
그 시절의 생각난다

차 한잔과 찜통 더위

마시는 차 한잔에
인생의 아름다운
이야기가 있고
행복한 에너지가 넘쳐
흐른다

여름이 무르익은
찜통 더위
시원한 계곡 찾아

사이다처럼 시원하게
즐거운 시간
만들어 보자

비 오는 저녁 길

가을이 떠나 가려나
늦가을의 비가
촉촉이 내린다

만추에 농익은 단풍잎
촉촉이 젖은 서글픈 자태

가을 비 내리는 거리는
슬픔과 초조함도 함께 내린다

초저녁부터 빛을 밝히는
키 큰 가로등

빗속에 외로이 홀로
울고 서있네요

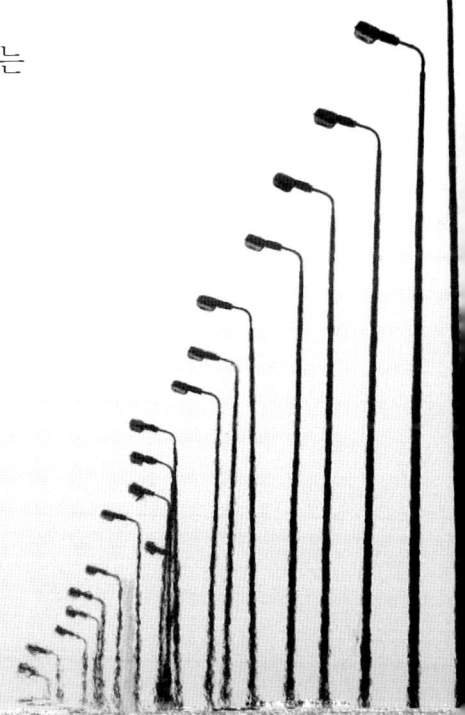

유혹한다

어느덧
초 여름으로 접어드는
느낌
점점 강해지는
햇살에 초록빛 나무들
더 푸르게 물들어 간다

파릇파릇 돋아난
새순이 봄 햇살 받아
쑥쑥 자라나고

예쁜 꽃들이 향기와
고운 봄빛으로
저마다 유혹한다

아쉽게 손 흔드는
마지막 봄 햇살에
살포시 빠져 보리라

비가 오는 날이면

비가 오는 날이면 막연히
무엇인가 그리워진다

그 옛 날 우산속의
설레던 만남

후드둑후드둑
우산에 떨어지던
빗방울 소리가 그립다

시나브로
그립고 보고 싶은
애절함은
나이가 들수록
희미해져 가고

오늘같이 추적추적
비가 오는 날에는
창가에 기대 앉아
옛날처럼
한잔의 커피를 마신다

가슴 시린 날

아스팔트 위에 우수수
떨어져 뒹구는 낙엽에
가슴이 시리다

볼을 스치고 지나가는
찬 바람에
따스함이 그리워
지는 날

겨울로 가는 늦가을의
문턱에서
낙엽 속의 낭만도
멀어져 간다

카펫을 깔아 놓은 듯
오색의 멋진
단풍잎들

아름다웠건만
이젠
멀리 사라져 가누나

맑은 인연이 그립다

가을엔 맑은 인연이
그립다
초라하지 않으면서
기품이 있는

맑고 하얀 국화꽃처럼
겉과 속이 맑은 사람

끝없이 파아란 맑은 하늘과
맑은 햇살

가을엔
때묻지 않은 소녀처럼

맑고 솔직한 성품을 가진
그런 순수한 친구가
그립다

만추의 계절

푸르름으로 울창했던 날들
멀리 떠나고

싸늘한 찬서리에 힘없이
떨어져
뒹구는 낙엽

싸늘한 한서리에 힘없이
떨어져
뒹구는 낙엽

환희스럽게 가슴 부풀어
벅차게 했던
싱그러운 날들이 그립다

개천가에 갈대꽃들
하얗게 피어
서러움 토해내며 울부짖는 듯

가느다란 몸 흔들며
가는 세월 아쉬워하네

마음이 허전하고 눈물이 나는 것은
가을이 나에게 주는
왠지 모를 외로움일 거야

한잎 두잎 떨어져
옷을 벗고
벌거숭이가 되는 나목들이
서글프다

행복의 기준

사람마다 행복의 기준은
서로 다르지만

가을로 다가가는
바람의 느낌에 행복하다

조석으로
제법 선선해서 좋다

한낮으로 무더위가
계속되고 있지만

가을은 성큼성큼
우리를 향해 오고있다

자연의 신비

고운 햇살 가득한
주말 아침

한주간 쌓였던 심신을 풀고
하루의 행복과 기쁨으로
가까운
둘레길이라도
산책하련다

싱그러운 풀내음과
향긋한 꽃향기 속에

상쾌한 공기 마음껏
마시면서

공기의 소중함과
시시각각 변하는
자연의 신비함을 느끼고 싶다

먹구름

하늘엔 먹구름으로
온통 뒤 덮었다
금방이라도 비가 내릴 듯

답답한 가슴 움켜쥔다
무엇을 해야 하나
나는 왜 살고 있는가

나이 먹고 무모한 내가
한심스럽다
뭔가를 해야지 하는
마음 뿐

손에 잡히는 것은
아무것도 없다

오늘은 먹구름 속에
하루가 저문다

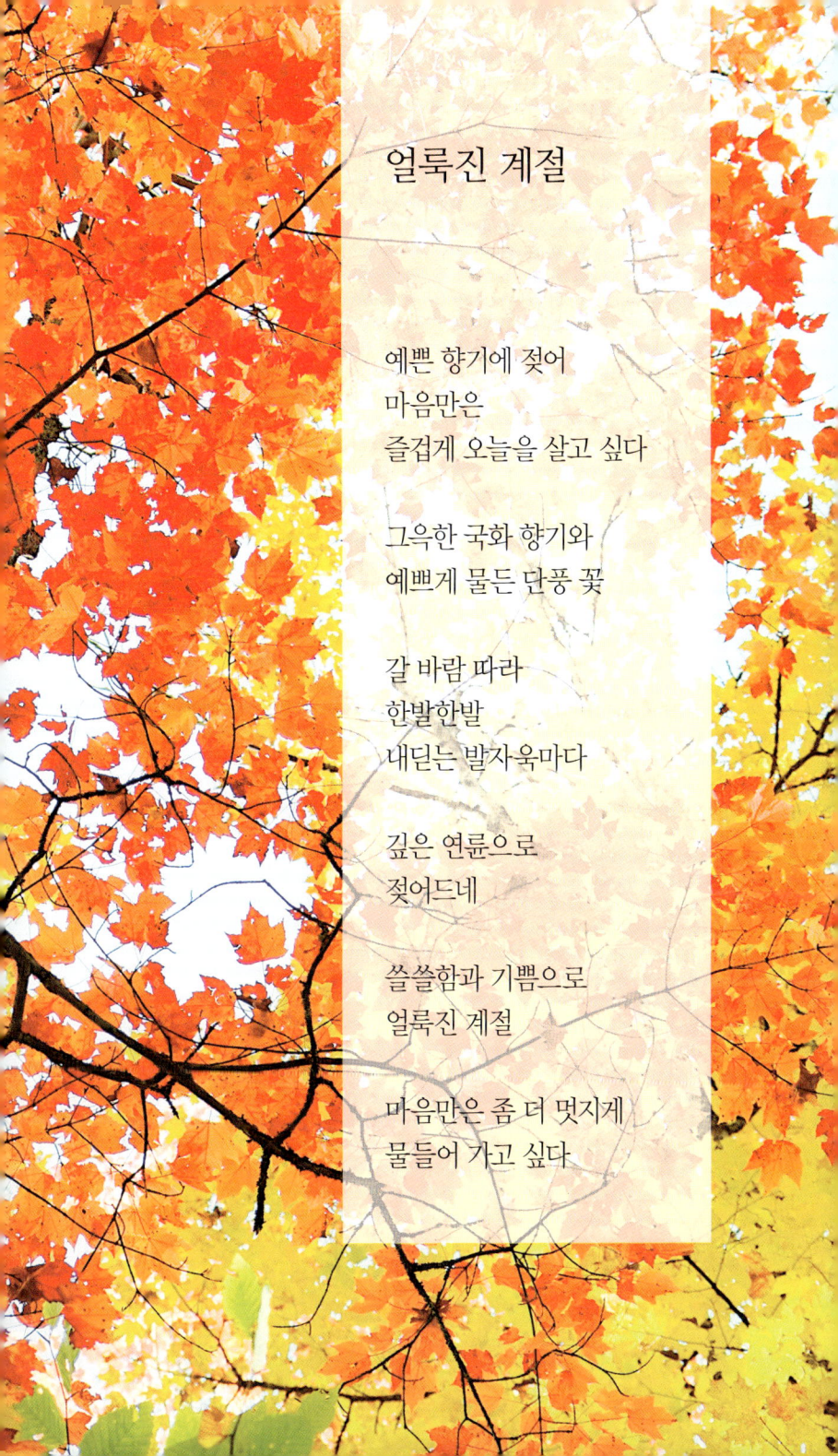

얼룩진 계절

예쁜 향기에 젖어
마음만은
즐겁게 오늘을 살고 싶다

그윽한 국화 향기와
예쁘게 물든 단풍 꽃

갈 바람 따라
한발한발
내딛는 발자욱마다

깊은 연륜으로
젖어드네

쓸쓸함과 기쁨으로
얼룩진 계절

마음만은 좀 더 멋지게
물들어 가고 싶다

행복한 사람이다

하늘은 더없이 푸르고
높기만 하다
역시 가을 하늘은
참 예쁘다

오늘은 가까운 산과 들에
산보를 가야겠다

초 가을의 향기 몸소 담으며
예쁜 가을 하늘 아래서

맑은 햇살 속에
푸욱 빠져
유산소 운동을 해야겠다

살아 있음에 감사하고
나는 참으로
행복한 사람이다

꽃길만 걸으리오

어느새 2월의 끝자락에
와 있다

가는 세월
붙잡을 수 없다지만
너무나 빠른 세월은 야속하기만 하다

춥고 바람불고
눈 내리고 했던 날들
꽃샘 추위와 함께 하며
우리의 마음도
움추리게 했던 날들도
보내는 마음은 아쉽기만 하다

희망찬 3월에는
곱고 예쁜 날들로
꽃길만 걸으리오

행복한 날

산등성이에서 불어오는
진한 향기에 행복하다

이토록 아름다운 세상에
왠지 설레는 마음
좋은 일들만 생길 것 같은
느낌
기분이 좋아진다

신선한 가을향기처럼
상쾌하고 기분 좋은 날
힘찬 발걸음으로
길을 걷는다

조용한 찻집에 들려
은은한 헤이즐넛 커피와 함께

가을 향기의 정취도
느끼는 행복한 날이다

마음의 힐링

아침을 여는
까치 소리와 함께
마음을 열어 봅니다

청명한 하늘에
감미로운 음악을 들으며

차 한잔의 향을
음미하면서
아침 향기를 마셔봅니다

붉게 타오르는 태양
불꽃처럼
가슴 적시는 이 행복을

활짝 열어
마음으로 힐링합니다

허무한 세월

비 온뒤 초록수풀
반짝반짝 싱그럽다

눈부시게 빛나는 상쾌한
햇살은
지쳤던 마음 추스러주고

하루라는 짧은 시간 속에
내 몫의 인생을
되새김해 본다

쉼없이
달려 지나간 세월들
내 나이는
흘러간 세월이 말해주네

참 빠르게도 달려왔다
단 맛 쓴 맛
인생의 맛을 느끼며

굴곡의
세월을 달려 왔건만

지금의 나는
허무함을 느낀다

마법의 계절 봄

아침 햇살에 따스한
봄은
점점 무르익어 간다

산과 들은
하루가 다르게
푸른 초원으로 변해만 가네

곳곳에 피어 있는
화려하고 아름다운
꽃들

바라만 보아도
행복해서 마음 설레고
부푸는 마음은
감출 길 없어라

화려하고 마음 설레게 하는
봄은
우리의 마음을 뺏어가는
마법같은 계절임에
틀림이 없구나

가슴 뛰는 계절

물들어 가는
나뭇잎 틈새로 빛 고운
가을빛 햇살이
수줍은 듯 비추인다

청정 하늘엔 두둥실
솜사탕처럼 포근한
구름이
눈길을 끌며 유혹하네

여기저기서 울긋불긋
물들어
물감을 칠하는 계절
가슴 뛰게 한다

가을빛 물든 예쁜 숲속 길을
다정한 친구와 함께
손 꼬옥 잡고
옛날 얘기하며
다정히 함께 걷고 싶네

모두가 행복했으면 좋겠다

아침 공기가 제법
선선한 걸 보니
가을인가 봅니다

그동안
폭염과 습한 날씨에
많이도 지친 마음

맑고 고운 하늘에서 불어오는
신선한 바람과

풀벌레 소리로
위안을 합니다

이 가을엔
풍요로움과 넉넉한 마음으로

모두가 행복했으면
좋겠습니다

연말로 가는 길

연말로 가는 길은
따뜻한 사랑과
마음 나누는 한 해의 끝자락

아쉬움도 가득
행복도 가득 채우는
연말이다

그래도 들뜬 마음
다스리는
마지막 가는 해

세월의 흐름 앞에
몸은 무디어져 가지만

마음만은
언제나 청춘이다

활기찬 마음으로
다음 해를 기약해 본다

여유로움의 행복

연륜에서 묻어나는 진하고 여유로운 향기에
평화스러움과 넉넉하고
기품이 있는 너그러움이 스며든다

석양의 노을이 눈이 부시게 화려하고
아름답듯이
가을의 단풍 또한 너무 아름다워
감탄사에 정신줄을 놓는다

늙어간다는 것은
슬픈 일만은 아니다
근심 걱정없이 편하기만 해서
사치스럽기도 하다

세상 풍파 산전수전 다 겪은 우리의 나이
보상받는 느낌이다

남은 인생은 건강한 삶으로
취미생활과 하고 싶은 것 하면서
행복하게
멋진 인생 살으련다